창의폭발 엄마표
실험왕
과학놀이

1
열과 온도

창의폭발 **엄마표 실험왕 과학놀이** 1 열과 온도

| 초판 1쇄 | 발행일 | 2014년 5월 20일 |
| 개정판 1쇄 | 발행일 | 2021년 1월 10일 |

| 지은이 | 이조옥, 이진선 |
| 펴낸이 | 유성권 |

편집장	양선우		
책임편집	백주영	편집	신혜진 윤경선
해외저작권	정지현	홍보	최예름 정가량
표지디자인	All Contents Group	본문디자인	손혜정 박정실
마케팅	김선우 김민석 최성환 박혜민 김민지		
제작	장재균	물류	김성훈 고창규

펴낸곳	㈜이퍼블릭
출판등록	1970년 7월 28일, 제1-170호
주소	서울시 양천구 목동서로 211 범문빌딩 (07995)
대표전화	02-2653-5131	팩스 02-2653-2455
메일	loginbook@epublic.co.kr
홈페이지	www.loginbook.com
포스트	post.naver.com/epubliclogin

로그인 은 ㈜이퍼블릭의 어학 · 자녀교육 · 실용 브랜드입니다.

국내 최고 영재교육기관 CBS영재교육학술원 커리큘럼 대공개!

창의폭발 **엄마표**
실험왕
과학놀이

이조옥, 이진선 지음

1
열과 온도

로그인

'세상의 모든 아이들이 그들의 특성과 소망, 욕구에 맞게 교육받아야 한다'는 신념을 갖고 있습니다. 제가 '영재'라는 집단에 대해 관심을 갖는 것도 그들이 갖는 특수성 때문입니다. 장애우들이 도움과 지원이 필요한 것처럼, 영재아들도 적절한 도움과 지원이 필요합니다.

저는 영재교육에 종사하기 전, 오랜 기간 일선 중고등학교에서 과학교사로 근무하였습니다. 이때 제가 느꼈던 점은 아이들이 '스스로 예측해 본 후 주도적으로 하는 실험'에 굉장히 열정을 보인다는 것입니다. 또한 과학 시험 점수를 잘 받기 위한 암기식 과학 교육이 아이들의 과학에 대한 열정을 해치고 있는 현실이 매우 안타까웠습니다.

사실 영재원 수업이라고 해서 아주 특별한 커리큘럼을 갖춘 것은 아닙니다. 다만 영재원에서는 '실패와 실수'를 허용하고, 그것을 '재실험의 기회로 활용'하게 합니다. 발문과 대화, 예측해 보기, 허용하기, 스스로 해 보기 등이 바로 그것입니다. 이 방법들은 어떤 과학 실험에서도 매우 유용합니다. 하지만 대다수의 어린이들은 '실패와 실수'가 허용되는 교육을 받고 있지 못한 것이 우리의 현실입니다.

이 책은 '우리 영재원에서 하는 상담과 수업 방법이 우리나라의 많은 어린이 친구들에게도 적용이 된다면 정말 좋겠다'라는 생각에서 출발하여, 저희의 경험과 철학을 나누어 드리고자 CBS영재교육학술원의 유아과학 프로그램 중 일부를 담아 본 것입니다. 쉽고 재미있게 접근할 수 있는 실험들로 구성하되, 본 영재원이 지니고 있는 철학과 수업 방법을 가능한 한 그대로 지면에 반영해 보려 노력하였습니다.

부디 이 책으로 아이와 함께 놀면서 '과학으로 행복한 경험'을 주는 것에 목표를 두고 하나씩 천천히 즐기며 해 보시기 바랍니다. 조물조물 어린 손으로 물을 휘젓고, 초롱초롱 호기심 어린 눈으로 세상을 두리번거리는 아이와 엄마들에게 이 책이 작은 도움이 되길 소망합니다.

이조옥 (CBS영재교육학술원장, CPS영재교육연구소장)

18년 간 교육 현장에서 다양한 아이들을 만나오면서 가장 크게 느낀 것은, 과학을 하는 데 있어 가장 중요한 것은 '궁금증'이라는 점입니다. 아무리 좋은 프로그램과 좋은 선생님이 있더라도, 궁금한 것이 없는 아이에게 뭔가를 가르친다는 것은 어려운 일입니다. 그래서 저는 오랫동안 '어떻게 하면 아이들이 궁금증을 갖고, 또 그 궁금증을 스스로 해소할 수 있는 방법을 찾게 할 수 있을까?'를 고민해 왔습니다.

그런데 결혼 후 두 아이를 낳고 선생님이 아닌 엄마의 입장이 되어 깨닫게 된 것은, 아이들은 눈에 보이는 많은 것들을 '이미' 궁금해하고 있다는 사실이었습니다. 그리고 엄마가, 혹은 선생님이 해 줘야 할 일은 다만 아이들의 타고난 호기심에 호응해 주는 것이었습니다.

큰아이가 말을 시작하는 두세 살 무렵에는 아이와 함께 산책을 많이 하였습니다. 산책을 하면서 보이는 나무와 꽃, 작은 곤충 등을 채집하여 자세히 들여다보았지요. 어느 봄날 산책하다가 꽃눈을 발견한 아이가 "나무에 뿔이 났네."라고 말하더군요. 그래서 저는 아이와 꽃눈을 하나 따서 그 안에 무엇이 들어 있는지 관찰해 보았습니다. 또 우연히 화단에서 공벌레를 발견한 날은 공벌레의 발가락 수를 세어 보고 공벌레의 움직임도 몸으로 직접 따라해 보고, 집에 돌아와 공벌레에 대한 책을 찾아보기도 했습니다.

엄마가 설명을 다 해 줘야 한다는 부담감은 갖지 않으셔도 됩니다. 저의 경우도 아이가 궁금해하는 것을 간단히 설명해 주기도 하지만, 아이가 커감에 따라 책이나 인터넷 등을 통해 자신의 궁금증을 스스로 해소해 보도록 안내하고 있습니다. 그저 아이와 같이 걷다가 무심한 듯 "이게 뭘까? 왜 이렇게 생겼지?"라고 슬쩍 물어봐 주세요. 엄마의 작은 질문 하나가 아이를 여러 가지 현상들에 관심을 갖고 궁금해 할 수 있도록 이끌어 줍니다. 과학은 어렵고 힘든 교과 과목이 아니라 우리 생활의 모든 것을 관찰하고 탐구하는 것이라는 사실을 엄마와 아이들이 알았으면 하는 바람입니다. 이 책을 같이 만들어 준 성빈이와 송희에게 큰 사랑과 고마움을 전합니다.

이진선 (CBS영재교육학술원 과학교사)

과학선생님들의 추천평

아이들은 말보다는 손이 앞선다고 합니다. 많은 것을 만져 보고 손의 감촉을 잘 발달시킨 아이들이 영리하다고도 합니다. 부모기 아이들과 함께 무엇을 한다는 것은 '같이 무엇을 만져 보고 같은 생각을 만들어가는 과정'일 수 있습니다.

이 책은 '엄마표 실험왕 과학놀이'라는 제목처럼 놀이를 통하여 과학적 사고와 탐구 능력을 키울 수 있는 80여 가지 다양한 과학놀이들을 소개하고 있습니다. 특히 우리 주변에서 쉽게 찾을 수 있는 재료들과 경험을 활용하는 놀이들로 과학 능력을 키울 수 있도록 구성되어 있다는 점이 인상적입니다. 가령 처음 소개되는 '무게 버티기'는 종이컵의 개수를 늘려가며 몸무게를 버틸 수 있는 결과를 알아내는 과정으로, 비교적 간단한 활동이지만 '기록'과 '유추' 능력을 키울 수 있는 좋은 예입니다.

저자들은 영재교육 활동과 유아교육 활동을 통하여 축적된 과학활동 자료 중에서도 아동들이 가장 흥미를 느끼고, 또한 아동들의 탐구 능력을 잘 키워 줄 수 있었던 실제 교육을 엄선해 수록하였습니다. 또한 실제 아이들의 활동 모습을 사진으로 같이 소개하여 친밀감을 높여 주고, 종이컵, 빨대, 요구르트 통, 풍선 등 주변에서 쉽게 접하고 구할 수 있는 재료들로 구성하여 일반 가정에서 아이들과 쉽게 즐길 수 있도록 하고 있습니다. 한눈에 활동 과정을 볼 수 있는 편집 또한 이 책의 활용도를 높여 줄 수 있을 것이라 봅니다.

과학 탐구의 연역적 가설 설정이나 탐구 결과의 논리적 분석 능력은 어렸을 때부터 꾸준한 흥미를 가지는 놀이 활동으로부터 얻어질 수 있습니다. 이 책과 함께하는 부모와 아이의 즐거운 시간이 장차 아이의 꿈과 미래를 키워 주는 좋은 밑거름이 되어 줄 것이라 믿습니다.

– 곽성일 (서울대학교 교육학 박사, 영등포고등학교 물리교사)

제 과학 수업의 첫 시간은 "항상 과학이란 무엇인가요? 어떻게 하는 것이 과학적인 것인가요?"에 대한 물음에서 출발합니다. 어려운 질문인가요? 과학이란 먼 연구실에서 특정한 사람들만이 하는 것이 절대 아닙니다. 우리 주변의 모든 일들이 과학의 다양한 개념들과 거미줄처럼 연결되어 있다는 것만 학생들의 머릿속에 자리잡게 되면, 저와의 과학 수업은 아무런 어려움이 없게 됩니다.

모든 사람이 과학을 좋아해야 할 필요는 없습니다. 또한 모든 어린이의 꿈이 과학자일 필요는 더더욱 없습니다. 하지만 일생을 살아가면서 과학적으로 생각하고, 과학을 내 생활과 밀접하게 받아들인다면 우리 삶이 더욱 풍부하고 깊이 있어질 것은 분명합니다. 자연과 사물에 대한 깊은 관심과 관찰은 과학적인 소양을 기르는 첫걸음이 됩니다. 그리고 그것은 어쩌면 어려서부터의 습관에서 비롯된 것일 수도 있습니다. 이런 저의 생각에 동의하는 부모님들께 이 책을 권해 드립니다.

학교에서만, 특정 기관에서만 과학 교육을 할 수 있는 것은 절대 아닙니다. 손쉽게 집에서도 엄마, 아빠와 함께 놀이처럼 과학을 접할 기회를 제공해 줄 수 있습니다. 그리고 이 책이 그런 기회를 만드는 데 조그마한 도움을 줄 것으로 기대합니다.

미국의 과학관 및 자연사박물관을 몇 차례 방문한 경험이 있습니다. 이때 가장 부러웠던 것은 웅장한 전시물과 멋지게 구성된 건축물 등이 아니었습니다. 아빠가 아이를 목마 태우고 전시에 대한 설명을 친절하게 해 주는 모습, 나이 드신 할머니 할아버지가 손을 꼭 잡고 판 구조론에 대한 설명을 열심히 읽어 보고 계시는 모습, 많은 자원봉사자들이 과학관 구석구석을 다니며 웃으며 봉사하는 모습 등이었습니다. 우리나라에서 아직은 생소한 이런 모습들을 머지않아 손쉽게 보게 되기를 간절히 기대합니다. 그리고 머지 않은 미래에 우리나라에서 노벨상 수상자가 연속 3회 배출되는 쾌거가 이루어지는 모습을 이 글을 쓰는 지금 행복하게 꿈꿔 봅니다.

- 김경화 (이화여자대학교 이학 박사, 신서중학교 과학교사)

이 책을 먼저 접한
엄마들의 추천평

호기심이 부쩍 늘어가는 아이에게 과학을 재미있게 접하게 해 주고 싶지만 어쩐지 다가가기엔 부담스럽고 낯설었던 과학이 이 책으로 한결 친근해지는 느낌입니다. 또래 친구들의 실험 사진이 있어 과학을 낯설어하는 친구라도 할 수 있다는 자신감을 가질 수 있을 것 같습니다. 또한 엄마들에겐 자세한 설명과 과학 팁이 있다는 것도 이 책의 매력이 아닐까 생각합니다.

– 배주하 (5세 김채은 엄마)

결이는 네 살부터 다닌 CBS프로그램을 아주 좋아합니다. 그 중에서도 과학은 가장 좋아하는 과목인데요, 수업 시간에 한 실험을 집에서 다시 해 볼 수 없어 아쉬웠는데 이 책으로 따라하면 집에서도 쉽게 해 볼 수 있을 것 같습니다. 최근에 한 수업이 비가 와도 젖지 않는 종이 우산이었는데, 이 책에 물에 젖지 않는 종이배 실험이 있어서 집에서 꼭 다시 한 번 해 봐야겠어요.

– 강경희 (6세 배결 엄마)

'과학' 하면 무언가 잘 갖춰진 실험기구가 있어야만 할 것 같았는데, 아이와 함께 있는 공간에서 일상적으로 사용하는 소모품들을 이용하여 할 수 있는 새로운 놀이를 알려 주어 깜짝 놀랐습니다. 아이를 양육하는 과정에서 부모의 몫은 결과가 아니라 과정이 아닐까요? 단순한 생활 속 실험놀이를 통해 아이에게 과학의 흥미를 자극할 수 있을 것 같아 무척 기대됩니다.

– 박주희 (7세 김민서 엄마)

책을 보며 가장 많이 든 생각은 저희 때도 학교에서 이렇게 과학을 배웠다면 얼마나 재미있었을까 하는 거예요. 아이는 물론, 엄마인 저로서도 실험을 하나씩 해 보면서 새삼스레 이해가 되는 부분이 많습니다. 책을 본 뒤로는 아이들이 먹고 버리는 요구르트 병을 보고도 '저걸로 무얼 해 볼까?' 하는 생각이 먼저 드네요. 아파트 단지 꽃밭이랑 근처 텃밭도 부지런히 다녀 보려고 합니다. 유아부터 초등학교까지 어린 아이를 둔 부모님들께 추천드리고 싶습니다.

– **장은미** (7세 이도현 엄마)

다른 책들에서는 볼 수 없었던 흥미로운 실험들이 많은데, 실험 재료 또한 일상생활에서 흔히 구할 수 있는 것들이라 정말 좋습니다. 이해가 잘 안 될 만한 부분엔 꼭 팁이 있어서 아이 혼자서도 충분히 할 수 있겠다 싶습니다. 오늘 아이가 집에 오면 '무게 버티기 놀이'를 해 볼까, '물을 빨아들이는 컵'을 해 볼까, 아니면 '막춤 추는 설탕'을 해 볼까 즐거운 고민을 하고 있습니다. 책을 보면 당장 이것저것 다 해 보고 싶어 안달할 딸의 모습이 눈에 선하네요.

– **박인순** (초2 김재희 엄마)

현준이는 CBS 과학 수업을 참 좋아하는데요, 무슨 수업을 어떻게 하길래 그렇게 좋아할까 늘 궁금했었어요. 이 책을 보니 아이가 왜 그렇게 과학수업에 열광하는지 알 수 있었습니다. 세상의 모든 공부를 놀이처럼 즐길 수 있다면 얼마나 좋을까요? 2년이 넘게 다니는 학술원 수업이 아이에겐 그저 놀이였기에 즐거웠던 것처럼, 커가면서 하는 모든 공부를 그렇게 놀이처럼 해 주기를 기대해 봅니다. 그리고 아이의 즐거움보다 지식에 대한 엄마의 욕심이 앞서지 않기를 저 자신에게 다짐해 봅니다.

– **이혜선** (초1 손현준 엄마)

아이가 CBS영재원 과학수업을 정말 좋아하는데, 수업이 일주일에 한 번이다 보니 아이가 많이 아쉬워했어요. 그런데 이렇게 책이 나와 CBS에서 했던 실험들을 집에서도 다시 해 볼 수 있다니 무척 반갑습니다. 이 책의 과학 실험은 재미만 있는 것이 아니고, 간단한 실험과 놀이로 과학 원리를 알 수 있게 해 주니 너무 좋은 것 같아요. 소중한 우리 아이들에게 컴퓨터나 핸드폰 게임 대신 과학놀이를 권해 주세요.

– **김영선** (초2 최아라 엄마)

'과학 = 엄마와의 행복한 추억'이 되게 해 주세요
행복한 아이의 창의력과 호기심은 무한대입니다

● **유아기는 과학이 흥미롭고 재미있는 정도면 충분합니다**

아이에게 과학을 접하게 해 주고 싶은데, 부모님이 과학 용어나 원리를 잘 몰라 걱정이 되시나요? 걱정하지 마세요. 유아기는 과학이 흥미롭고 재미있는 정도면 충분합니다. 지금 원리를 정확히 몰라서 과학자로 자랄 아이가 과학자가 못 된다거나, 학교에서 과학 점수가 엉망이 되거나 하지는 않습니다. "엄마한 번 더 해 볼래요", "이건 왜 이럴까?"라는 말이 아이 입에서 나오면 성공한 실험입니다.

● **과학이 우리 주변 곳곳에 숨어 있다는 것을 알려 주세요**

과학은 실험실이나 전문 학원에 가서 배우는 특별한 것이 아니라는 것을 아이가 알게 해 주세요. 우리 거실, 화장실, 부엌, 동네 화단, 바닷가 등 우리 주변 곳곳에 과학의 소재와 주제는 넘쳐납니다. 냉장고 문의 자석, 열리지 않는 도시락 뚜껑, 손을 놓으면 날아가는 풍선, 놀이터의 그네와 시소 등 주변 사물들을 관찰할 기회를 주세요. 사물들을 잘 관찰하고, 어떻게 변화하는지 관심을 기울이고, 왜 그럴까를 알고 싶어 하는 것이 바로 과학입니다.

● **아이 '스스로 생각'해 보도록 연습시켜 주세요**

아무리 시시한 실험도 흥미진진하게 할 수 있는 특급비밀을 소개해 드릴게요. 아이와 실험을 할 때는 실험 전에 꼭 '어떤 일이 일어날지' 예측해 보도록 해 주세요. 예측은 실험의 흥미를 더하는 마법의 단계입니다. 가령 어떤 물체를 물에 띄우기 전에 "이건 물에 뜰까? 가라앉을까?" 하고 물어보면 뜰지, 가라앉을지 결과가 궁금해지잖아요. 어떻게 될지 미리 예측해 보고 실제로 실험을 하면, 아이들은 정말 자기 말대로 되는지 알아보려고 정신을 바짝 차리고 집중해서 실험하고 관찰한답니다.

오늘은 아이랑 뭐하고 놀지?

하루 15분! 꼬마 과학자의 창의력이 자라는 시간!

★ 할 때마다 난리 나는 신나는 80가지 과학실험!

호기심 많고 질문 많은 우리 아이, 하루 15분 과학으로 놀아 주세요. '과학' 하면 어렵고 복잡한 과목같다고요? 화산 폭발, 물을 빨아들이는 컵, 귤껍질 불꽃쇼 등 실험을 통한 과학의 세계는 아이들에게 흥미진진한 마술의 세계입니다. 진지한 눈빛으로 실험에 빠지고, 실험 결과에 신나서 환호하는 아이들의 모습에서 미래의 과학자를 발견할 수 있습니다. 신나는 80가지 엄마표 과학놀이로 과학 좋아하는 아이로 키우세요.

★ '실험'과 체험'을 통해 원리를 깨우친 과학은 평생 간다!

과학전집과 과학만화를 통해 과학적 지식이 많은 아이들이 늘어나고 있습니다. 하지만 원리 이해 없이 단순히 보고 들은 과학 지식은 금새 까먹기 쉽고, 정작 중요한 과학적 개념들은 제대로 익히지 못했거나 잘못 이해하고 있는 경우도 많습니다. 실험과 체험을 통해 과학을 접하면 원리 이해가 빠르고 응용력도 높아집니다. 초등 입학 전 마음껏 만져 보고, 실험해 보며 과학으로 놀게 해 주세요. 초등 입학 전 과학 준비는 '과학놀이'가 답입니다!

★ 국내 최고의 영재교육기관 CBS영재교육학술원 커리큘럼 대공개!

대한민국 최고의 영재들이 받는 CBS영재교육학술원의 교육 프로그램을 통해 꼬마 과학자의 창의력을 키워 주세요. CBS영재교육학술원의 프로그램은 일부 기관들에서 시행하고 있는 단순한 선행학습이 아니라, 아이들이 생활 속에서 가지는 호기심을 끊임없이 자극해 창의적인 사고를 통해 문제를 해결해 나갈 수 있도록 해 주는 프로그램입니다.

Contents

Part 1 할 때마다 난리 난다! 신나는 과학놀이 베스트 10

Part 2

내 작품 어때요? **과학으로 만드는 미술·요리**

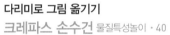

할 때마다 난리 난다!

신나는 과학놀이
베스트 10

호기심 많고 질문 많은 우리 아이, 오늘은 과학이랑 놀아 볼까요?

할 때마다 말 그대로 난리 나는 과학놀이 베스트 아이템을 소개합니다.

화산 폭발, 물보석, 귤껍질 불꽃쇼 등 신기하고 재미있는 과학놀이를 통해

아이의 호기심과 창의력을 키워 줄 수 있습니다.

하루 14분이면 미래의 과학자가 탄생하기에

충분한 시간이랍니다.

무게분산놀이
6세 이상

버텨라 종이야! 무게 버티기 놀이

얇은 종이 위에 얼마나 무거운 것을 올릴 수 있을까요? 동전 하나도 버틸 수 없다고요?
의외로 종이는 힘이 세답니다. 종이가 얼마나 힘이 센지 직접 확인해 보기로 해요.

놀이 목표

• 물체를 받치는 힘
• 무거운 물체의 무게를
  나누어 받치기

교과 연계

• 에너지와 도구

준비물

• A4용지 여러 장,
  비슷한 크기의 책 3권,
  종이컵, 풀

이 놀이는요~

얇은 종이 한 장을 여러 번 접으면 위에 올려진 물체의 무게를 받치는 받침점이 많아져요. 따라서 종이를 접을수록 무거운 물건을 올릴 수 있지요. 이 놀이는 무게를 분산시키는 것을 경험해 보는 활동입니다.

Tip 종이를 많이 접을수록 물건과 종이가 만나는 점(받침점)이 많아져 무게를 잘 분산시킵니다. 이때 종이를 일정한 간격으로 접어 주는 것이 중요합니다.

 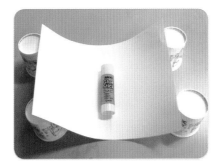

1 종이컵이나 책을 이용해 종이를 올려놓을 곳을 준비합니다.

2 종이의 힘 관찰하기 1번 위에 종이를 올리고, 그 위에 풀, 펜 등의 물체를 올려 봅니다. 종이가 버틸 수 없다는 것을 확인합니다.

3 접은 종이의 힘 관찰하기 이번에는 종이를 안과 밖으로 교차해서 여러 번 접은 후, 물건을 올려 봅니다. 종이를 접으니 풀 2개의 무게를 버티는 것을 관찰합니다.

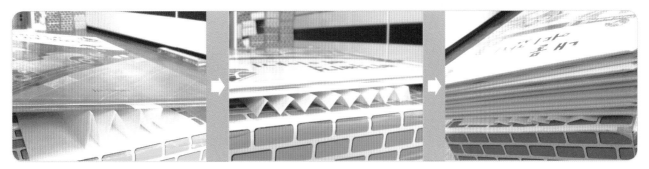

4 무거운 물건 올리기 이번에는 풀보다 무거운 책을 올려 볼까요? 방법은 종이를 더 많이 접으면 됩니다. 처음에는 종이를 7번 접어 책 한 권을 올려 보고, 다시 15번 접은 다음 그 결과를 비교해 봅니다. 올리는 책의 권수와 접는 횟수를 늘려서 다양하게 실험해 보세요.

"7번 접었을 때는 책이 안 올라갔는데, 15번 접으니 책이 올라가네. 그럼 책 3권을 올리려면 어떻게 하면 될까?"
"더 많이 접어요."

5 이번에는 종이컵 위에 직접 올라가 볼까요? 일정한 간격으로 놓은 종이컵 위에 책을 올려 놓고, 무게가 한쪽으로 쏠리지 않도록 아이를 안아서 책 위에 올려 줍니다. 이때 두 다리는 살짝 벌려야 중심을 잡기 편합니다.

Tip 종이컵은 20개부터 시작해서 점차 개수를 줄여가면서 최소한의 개수를 찾아보세요. 엄마도 함께 도전하시면 아이가 더욱 즐거워한답니다.

온도놀이
5세 이상

추워지면 끌어당겨요 물을 빨아들이는 컵

컵 속에 투명 괴물이 사나 봐요. 접시의 물을 컵 속으로 쭉 빨아들이네요.
빨대를 이용하는 것도 아닌데, 컵은 어떻게 물을 빨아들이는 걸까요? 힌트는 '불'에 있답니다.

놀이 목표

• 물질의 연소
• 온도와 기체의 압력

교과 연계

• 열 전달과 우리 생활

준비물

• 양초, 유리컵, 오목한 접시,
물, 성냥 또는 라이터

이 놀이는요~

공기는 더워지면 활발하게 운동하면서 위쪽으로 올라가고, 차가운 공기는 아래쪽으로 모여들어요. 그래서 따뜻한 곳과 차가운 곳에는 공기 사이에 압력 차이가 생기게 됩니다. 차가운 곳의 기압이 더 세고 따뜻한 곳의 기압이 더 약하답니다. 이 놀이는 공기의 기압차를 이용한 실험입니다.

Step 1: 양초에 컵 씌우기

양초를 세울 때는 촛농을 몇 방울 떨어뜨려 그 위에 고정시켜 주세요.

Tip 불이 붙는 조건은 '산소', '발화점', '불에 타는 물질'입니다. 이 세 가지 조건 중 하나라도 모자라면 불은 곧 꺼지게 됩니다. 컵으로 촛불을 덮는 경우, 산소가 더 이상 공급되지 않으므로 불이 꺼지게 됩니다.

1 불이 켜진 양초를 컵으로 덮으면 촛불이 어떻게 될지 생각해 봐요. 꺼질 것 같다고 하면, 왜 꺼질 것 같은지 이유도 물어보세요.

2 타고 있는 초를 컵으로 덮으면 불이 점점 작아지다가 결국 꺼집니다. 불이 꺼진 후, 컵에 어떤 변화가 있는지 관찰해 보세요.

3 불이 꺼지면서 컵 안쪽에 물기가 생기게 됩니다. ★ 컵 안에 습기가 차는 것은 컵 안쪽과 바깥쪽의 온도차 때문에 생기는 이슬입니다.

"양초에 불이 붙어 있는데, 컵을 덮으면 촛불이 어떻게 될까?"
"꺼질 것 같아요."

Step 2: 물을 빨아들이는 컵

가늘고 긴 컵일수록 실험 결과가 더 잘 보입니다.

4 오목한 접시에 촛농을 떨어뜨린 후 양초를 촛농 위에 세워 고정시킵니다.

5 접시에 물을 부어 주세요. ★ 물감을 푼 물을 사용하면 관찰하기 편해요.

6 초에 불을 켜고 컵으로 덮어줍니다. ★ 컵을 덮기 전 물이 어떻게 될지 생각해 보게 하세요.
"컵을 덮으면 물은 어떻게 될까?"
"물 때문에 불이 더 오랫동안 켜져 있을 것 같아요."

7 물이 컵 안쪽으로 빨려(또는 밀려) 들어갑니다.

Tip 촛불로 컵이 따뜻해지면 컵 안의 공기가 활발하게 운동하면서 위로 올라가게 됩니다. 그러면 컵 안보다 온도가 낮은 바깥쪽 공기가 물을 내리누르게 되기 때문에 물이 밀려 들어갑니다.

실험 속 과학원리 온도에 따른 공기의 운동 변화

온도가 올라가면 공기가 활발하게 운동하면서 퍼져 나가 밀도가 줄어들고, 온도가 내려가면 공기는 아래로 모여들면서 밀도가 높아집니다. 밀도가 줄어들면 일정한 면적당 기압이 작아지고, 밀도가 커지면 일정한 면적당 기압이 주변보다 커지게 됩니다.

[온도에 따른 공기의 압력 변화를 보여 주는 예]
① 낮에 차가운 골짜기에서 기온이 높은 산꼭대기를 향해 바람이 분다.
② 음식이 뜨거울 때 뚜껑을 닫으면 음식이 식은 후 뚜껑이 잘 안 열린다.
③ 페트병을 뚜껑을 닫은 채 냉동실에서 얼리면 찌그러진다.

부글부글 용암이다! 공룡시대 화산폭발

아주 오래 전에 공룡이 살았대요. 그런데 지금은 한 마리도 살고 있지 않지요. 많은 화산이 한꺼번에
폭발한 것이 공룡이 사라진 이유 중 하나래요. 부글부글 뻥~ 거품이 넘쳐나는 화산을 만들어 볼까요?

놀이 목표

• 화산 탐색하기
• 화학반응을 이용한
  거품 만들기

교과 연계

• 화산과 지진

준비물

• 요구르트병 1개, 쟁반,
  여러 가지 공룡 인형
• 용암 거품 재료:
  소다 1T, 주방세제 1/2T,
  식초 2T, 빨간색 물감

이 놀이는요~

화산을 직접 만들어 용암이
분출하는 장면을 연출해 보
는 활동입니다. 거품이 넘
쳐 나오는 화학작용을 경험
하고, 공룡 모형을 배치해
화산 폭발의 상황까지 설
정해 볼 수 있어, 아이들이
무척 좋아하는 과학실험입
니다.

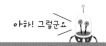

아하! 그렇군요

공룡이 사라진 이유
공룡이 멸종한 이유에 대해서는 여러 가지 설이 있는데, 거대한 화산 폭발로 인해 멸종하였다는 설, 원자폭탄보다 1억 배가 넘는 폭발력을 가진 거대한 운석이 충돌하였기 때문이라는 설, 빙하기가 와서 멸종했다는 설 등이 있습니다.

1 **화산 모형 만들기** 빈 요구르트병에 고무찰흙을 붙여 화산 모형을 만듭니다. 이때 병 입구는 막지 않도록 해요.

Tip 요구르트병의 크기는 상관없어요. 작은 병일수록 더 빠르게 반응이 나타납니다.

2 **공룡시대 꾸미기** 공룡 인형들로 화산 주변을 꾸며 주세요. 공룡이 살던 옛날에는 화산이 더 많았다는 이야기도 해 주세요.

★ 공룡 사진을 오려서 사용하거나 직접 그린 공룡을 오려서 장식해도 좋습니다.

3 **용암 거품 만들기** 화산 입구에 '소다 1T → 물감 탄 주방세제 1/2T → 식초 2T'의 순서로 넣어 주세요. ★ 세제에 빨간 물감을 섞어 주면 효과가 더 좋아요.

4 용암 거품 분출! 소다가 식초와 반응해서 올라오기까지 요구르트병의 크기에 따라 1, 2초 정도의 차이가 있어요.

Tip 거품이 다 끝나갈 때쯤 나무젓가락으로 살짝 저어 주면 남아 있는 식초와 세제가 반응하면서 거품이 조금 더 나오기도 합니다.

실험 속 과학원리 거품이 생기는 원리

이 실험에서 거품이 생기는 이유는 '소다'와 '식초'가 만나면 '이산화탄소 기체'가 발생하기 때문입니다. 세제를 넣지 않아도 거품은 생기지만, 세제를 넣으면 끈적한 흐름과 거품이 더 멋져 보인답니다.

식초 + 소다

식초 + 소다 + 세제

귤에서 불꽃이 나와요 귤껍질 불꽃쇼

밤하늘을 아름답게 수놓는 불꽃놀이를 본 적이 있나요? 이 멋진 불꽃놀이를 우리는 귤껍질로도 할 수 있어요. 아이들이 정말 좋아하는 불꽃실험이랍니다.

놀이 목표
- 귤 관찰하기

교과 연계
- 식물의 세계

준비물
- 귤 또는 오렌지, 플라스틱 칼, 양초, 성냥 또는 라이터

이 놀이는요~

평소 자주 보던 귤 속에 우리가 상상하지 못했던 기름이 들어 있다니! 이 실험은 귤껍질 속에 들어 있는 기름 성분인 '테레빈유'를 이용한 과학놀이로, 아이들의 눈이 호기심으로 반짝이게 만드는 실험이랍니다. 귤기름을 이용해 자동차를 주행하는 실험을 하기도 했었다니 대단하지 않나요?

Step 1: 귤 관찰하기

1 귤을 자세히 살펴보아요. 귤껍질에 있는 둥글고 작은 구멍과 얇은 속껍질 그리고 과육의 모양을 자세히 관찰해요.

> **Tip** 귤은 굵은 소금을 이용해서 문질러 씻으면 농약 성분이 제거된답니다.

2 귤을 세로로 잘랐을 때와 가로로 잘랐을 때 모양이 어떻게 다른지 비교해 보세요. 또한 귤의 각 부분(겉껍질, 속껍질, 과육, 흰 털)의 맛을 보게 하고 그 맛을 표현해 보도록 해 주세요.

3 귤껍질을 반으로 접어 얼굴에 대고 눌러 즙이 나오는 것을 확인해 봅니다. 그리고 이 즙을 촛불에 쏘면 촛불이 어떻게 될지 예상해 봅니다.

"이 즙을 촛불에 쏘면 촛불이 어떻게 될까?"
"불꽃이 꺼져요."

Step 2: 귤껍질 불꽃쇼

4 귤껍질을 반으로 접은 후 촛불에 가까이 대고 눌러 보세요. 귤껍질에서 나온 즙이 촛불에 닿으면서 불꽃이 생깁니다. 신선한 과일일수록 즙이 많이 나옵니다.

★ 종이컵 바닥에 촛농을 몇 방울 떨어뜨린 후 양초를 고정해서 사용하면 더 안전해요.

5 이번에는 귤껍질을 태워 봅니다. 타는 모양과 색, 소리에 대해 이야기 나눠 보세요.

6 귤껍질이 불에 잘 타는 이유가 무엇일지 추측해 보게 합니다. 귤껍질에 '기름'이 들어 있다는 이야기로 유도해 주세요.

> **Tip** 귤껍질에는 '테레빈유'라는 기름이 들어 있어서 이 기름이 타면서 불꽃이 일어나게 됩니다.

이렇게도 놀아요

호두 태우기

귤껍질 이외에 견과류에도 많은 기름이 함유되어 있습니다. 젓가락이나 집게로 땅콩, 호두 등을 집어서 태워 보세요. 타면서 어떤 변화가 나타나는지 귤껍질과 비교해서 관찰해 보세요.

> **Tip** 정월 대보름에 운세를 점쳐 보는 잣불점은 잣에 들어 있는 기름을 태워 불꽃의 크기를 재 보는 민속놀이랍니다.

떴다! 가라앉았다! 물로 만든 물보석

목걸이랑 반지에 달린 반짝반짝 예쁜 보석을 물로 만들어 보아요.
컵에 담긴 물로 동글동글 예쁜 물보석을 만들 수 있답니다.

놀이 목표

• 밀도
• 물의 표면장력

교과 연계

• 혼합물의 분리

준비물

• 식용유, 물, 물감,
  물약병 또는 스포이트,
  투명 음료수병 2개

이 놀이는요~

'밀도'는 어떤 것이 '빽빽한 정도'를 가리키는 말이에요. 이 실험은 식용유보다 물의 밀도가 크기 때문에 물이 가라앉는 원리를 이용한 놀이입니다. 아이가 아직 어릴 경우 밀도의 개념은 가볍게 설명하고 넘어가세요. 개념 이해보다 과학적 호기심 자극이 먼저니까요.

Step 1 : 물과 기름 관찰하기

1 컵에 식용유와 물을 적당량 따른 후, 색, 냄새, 촉감, 맛 등을 비교해 보세요.

"물과 기름을 비교해 보자. 물의 냄새, 만졌을 때의 느낌, 맛이 어떤지 볼까? 어때?"

"냄새도 없고, 축축하고, 맹맹한 맛이 나요."

"기름의 냄새, 만졌을 때의 느낌, 맛은 어때?"

"느끼한 냄새가 나고, 미끌미끌거리고, 맛을 보니까 속이 느글거려요."

2 물에 식용유를 넣으면 어떻게 될지 생각해 봐요. 물약병이나 스포이트를 이용해 물에 식용유를 몇 방울 떨어뜨린 후 모양을 관찰합니다.

Tip 기름은 물보다 밀도가 작기 때문에 물 위에 기름이 동그란 모양으로 동동 떠 있습니다.

3 식용유에 물을 넣으면 어떻게 될지 생각해 본 후, 식용유에 물을 몇 방울 떨어뜨린 후 모양을 관찰합니다. 이때 더 잘 볼 수 있게 물에 물감을 타면 좋아요.

Tip 물은 기름보다 밀도가 크기 때문에 물이 가라앉게 됩니다.

Step 2 : 물보석 만들기

4 물약병에 물을 2/3쯤 채운 후 그림물감을 넣고 섞어 여러 가지 색을 준비합니다.

5 기름이 담긴 병에 4의 색깔물을 떨어뜨립니다. 색깔물이 퍼지지 않고 동글동글 물방울 모양을 한 채 바닥에 가라앉습니다.

6 다양한 색깔들을 차례로 떨어뜨려 봅니다. 서로 섞이지 않고 보석처럼 예쁜 물방울이 만들어집니다. ★ 병을 흔들면 물방울이 섞일 수 있으니 되도록 흔들리지 않도록 해주세요.

Step 3 : 물보석 흔들기

7 빨대를 넣어 저어 보세요. 물보석이 작은 방울로 나뉘면서 서로 섞이게 됩니다. 많은 색이 섞일수록 전체적으로 어두운 색을 띠게 됩니다.

8 뚜껑을 덮고 신나게 흔들어 보세요. 작은 방울들은 보이지 않고 기름 속에 가라앉아 있던 물방울들끼리 서로 섞이면서 전체적으로 탁한 색깔이 됩니다.

로켓보다 빨라요 풍선로켓 케이블카

줄에 매달려 높은 골짜기를 지나는 케이블카를 타 본 적이 있나요? 풍선으로 케이블카를 만들 수 있답니다.
쌩~ 바람을 가르며 아주 빨리 가지요. 진짜 케이블카보다 더 빠를지도 몰라요.

놀이 목표
- 공기만으로 물체 움직이기
- 물체에 작용하는 힘의 원리 알기

교과 연계
- 물체의 속력

준비물
- 풍선, 빨대, 낚시줄이나 굵은 실,
  셀로판테이프

이 놀이는요~

풍선 입구에서 바람이 나와 주변의 공기를 밀어 내어 풍선이 실에 매달려 앞으로 날아가는 놀이입니다. 풍선에서 빠져나가는 바람의 힘(작용)에 의해 바람의 방향과 반대 방향으로 풍선이 움직이는 것(반작용)을 경험해 볼 수 있습니다.

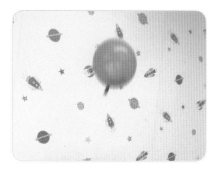

1 크게 분 풍선을 놓으면 어떻게 될지 생각해 본 후, 풍선이 날아다니는 모습을 관찰해요.

"커다랗게 분 풍선을 묶지 않고 그대로 놓으면 어떻게 될까? 풍선이 떨어질 만한 곳에 가서 잡아 봐."

2 문고리 등에 실의 한쪽을 단단히 고정시켜 주세요. 이때 풍선이 충분히 날아갈 수 있도록 실의 길이는 넉넉하게 합니다.

3 빨대를 3cm 길이로 잘라 실에 끼운 후, 크게 분 풍선을 입구와 빨대가 일직선이 되게 셀로판테이프로 빨대에 연결합니다.

★ 이때 풍선 끝은 묶지 않고 잡고 있어야 합니다.

4 잡고 있던 손을 놓으면 바람이 빠지면서 풍선이 빠르게 날아갑니다.

Tip 바람(공기)이 빠지는 방향과 풍선이 움직이는 방향을 관찰하게 하세요. 풍선은 바람이 나오는 방향(작용)과 반대 방향(반작용)으로 움직입니다.

5 이번에는 풍선 입구를 옆으로 해서 붙인 후, 손을 놓아 보세요. 풍선이 빙글빙글 돕니다.

Tip 직각으로 붙인 경우 제자리에서 빙글빙글 돌고, 45도 전후로 붙인 경우 빙글빙글 돌면서도 앞으로 날아갑니다.

6 풍선의 종류를 바꿔 실험해 봅니다. 가늘고 긴 풍선보다 둥글고 짧은 풍선이 더 잘 날아간다는 사실을 확인할 수 있어요.

7 이번에는 풍선에 비행기처럼 꼬리 날개를 단 후 빨대에 끼워 실험해 보세요.

★ 수직 꼬리 날개는 균형을 잡아 주는 역할을 하기 때문에 붙이지 않았을 때보다 풍선의 흔들림이 줄어들게 됩니다. 빨대를 잘 붙였더라도 꼬리 날개를 비스듬히 달면 풍선이 회전하면서 날아갑니다.

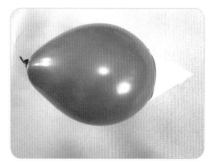

8 풍선 앞에 종이로 고깔을 만들어 붙인 후 빨대에 끼워 실험해 보세요.

★ 고깔을 붙인 경우 공기저항이 줄어들기 때문에 앞으로 더 잘 날아갑니다.

나 지금 떨고 있니? 깜짝 놀란 애벌레

컵 위에서 잠을 자던 애벌레가 깜짝 놀라서 춤을 추네요. 손을 대지 않고도 애벌레를 춤추게 만들 수 있어요.
음악에 맞춰 천천히 추게도 하고, 빨리 추게도 할 수 있지요.

놀이 목표
• 소리의 떨림 알기

교과 연계
• 탐구, 어떻게 할까요?

준비물
• 종이컵, 모루,
  작은 스티로폼 또는 색종이

이 놀이는요~

소리는 공기의 떨림이 귀에 있는 고막을 통해 전달되는 것입니다.
소리의 높낮이에 따라 떨리는 모습도 다르답니다. 깜짝 놀란 애벌
레는 소리의 떨림을 이용한 과학완구로서, 소리의 떨림을 귀가 아
닌 눈으로 관찰할 수 있어 흥미로운 실험입니다.

Step 1 : 애벌레 만들기

1 모루를 연필에 3번 정도 감고 자릅니다.

2 밑면이 평평해지도록 적당히 만져 주고, 스티로폼 조각에 얼굴을 그려 모루에 꽂으면 애벌레 완성! ★ 애벌레 얼굴은 색종이에 그려 붙여도 됩니다.

3 종이컵을 예쁘게 꾸며 애벌레가 춤출 무대를 만들어 주세요.

Step 2 : 애벌레 춤추게 하기

4 애벌레가 종이컵 위에서 춤추게 하려면 어떻게 해야 할지 생각해 봐요. 가능한 모든 방법으로 해 봐요. 예) 바람 불기, 종이컵 흔들기, 도구로 종이컵 건드리기 등

> **Tip** 바람을 불거나 종이컵을 흔들면 애벌레가 종이컵에서 자꾸 떨어집니다. 종이컵에서 떨어지지 않고 춤추는 방법을 생각해 봅니다.

5 애벌레가 종이컵 위에서 떨어지지 않고 춤추게 하려면 어떻게 해야 할지 생각해 봐요. 그리고 종이컵 옆면에서 아~ 소리를 내어 봐요. 애벌레가 움직이죠? ★ 소리의 떨림이 종이컵에 전달되어 애벌레가 움직이게 됩니다.

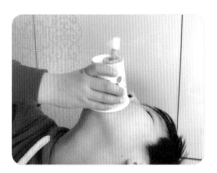

6 종이컵의 아래쪽에 입을 대고 아~ 소리를 내 봅니다. ★ 옆에 대고 소리 내는 것보다 소리가 더 많이 모여서 애벌레가 더 많이 움직입니다.

7 고개를 뒤로 젖히려니 목이 아프죠? 주름 빨대를 이용해 편리하게 소리를 모아 봐요. 종이컵에 구멍을 뚫고 빨대를 끼워 주세요.

8 빨대에 대고 소리를 내어 애벌레를 춤추게 해 봐요. 높은 소리도 내 보고, 낮은 소리도 내 보세요. 소리의 높낮이에 따라 떨림이 달라집니다. ★ 높은 소리일 때 애벌레의 움직임이 더 활발합니다.

9 소리의 떨림을 손으로도 느껴 볼까요? 종이컵 밑면에 손을 댄 상태에서 종이컵에 입을 대고 소리를 내면 종이컵의 떨림이 손에 느껴집니다. ★ 소리는 떨림을 통해 전달된다는 사실을 알려 주세요.

나는야 꼬마 마법사! 저절로 일어서는 풍선

수리수리 마수리~ 풍선아 풍선아 커져라 얍! 꼬마 마법사가 주문을 걸자 풍선을 만지지도 않고
불지도 않았는데 정말 풍선이 커져요. 우리들도 마법의 주문을 배워 볼까요?

놀이 목표

• 온도에 따른 기체의 부피 변화

교과 연계

• 열 전달과 우리 생활

준비물

• 풍선, 페트병,
  찬물(얼음물), 더운물, 큰 그릇

이 놀이는요~

이 놀이는 '온도에 따른 공기의 부피 변화'를 이용한 활동입니다. 같은 양의
기체일 경우, 온도가 올라가게 되면 입자들의 움직임이 활발해져서 더 많은
공간을 차지하게 되고, 반대로 온도가 내려가게 되면 입자들의 움직임이 줄
어들기 때문에 이 기체가 차지하는 공간이 작아지게 됩니다. 눈에 보이지 않
는 공기의 움직임과 부피 변화를 경험할 수 있습니다.

Step 1: 저절로 일어서는 풍선

1 페트병에 풍선을 씌운 후, 풍선을 크게 부풀리는 방법에 대해 생각해 보세요.

2 **병 누르기** 페트병을 손으로 누르면 병 속의 공기가 풍선 속으로 이동해 풍선이 부풀게 됩니다. 그럼 페트병을 누르지 않고 풍선을 부풀리는 방법은 없을까요?

3 **뜨거운 물에 넣기** 페트병을 뜨거운 물에 담가 풍선이 부풀어 오르는 것을 관찰합니다. ★ 풍선 속으로 들어간 공기는 원래 어디에 있었던 공기인지 질문해 보세요.

얼음물에 넣으면 어떻게 될지 먼저 예상해 볼 시간을 충분히 주세요.

4 **차가운 물에 넣기** 뜨거운 물에 넣었던 페트병을 얼음물에 넣어 보세요. 풍선이 다시 줄어듭니다. ★ 풍선 속의 공기가 어디로 갔을지 생각해 보게 하세요.

실험 속 과학원리 페트병을 뜨거운 물에 넣으면 페트병 속 공기의 온도가 올라가면서 공기의 움직임이 활발해져 페트병 속 공기가 밖으로 밀려나와 풍선으로 들어가게 됩니다. 반면 페트병을 얼음물에 넣으면 페트병 속 공기의 온도가 내려가면서 공기의 움직임이 둔해져 페트병 속 공기가 수축하게 되어 풍선의 크기가 줄어듭니다.

얼음물 대신 찬물을 사용해도 되지만, 얼음물이 페트병 안의 공기를 더 빨리 수축시키므로, 풍선이 더 빨리 뻥~ 소리를 내면서 안으로 쏙 들어갑니다.

Step 2: 병 속에 풍선 넣기

5 빈 페트병을 뜨거운 물로 충분히 헹구어 두었다가 입구에 풍선을 씌워 주세요.

6 5를 얼음물에 넣어 보세요. 풍선이 안쪽으로 쑥 빨려 들어갑니다.

7 6을 다시 뜨거운 물에 넣어 볼까요? 풍선이 다시 병 밖으로 올라옵니다.

우승자는 누구? 미끌미끌 얼음낚시

미끌미끌 차가운 얼음 낚시 대회가 열렸어요. 주어진 도구는 낚싯바늘도 없는 낚싯대 한 자루뿐인데,
어떤 친구가 우승을 했을까요? 바로 소금을 뿌린 친구라고 하네요! 우승자의 우승 비결을 한번 배워 볼까요?

놀이 목표
• 어는점 내림

교과 연계
• 모습을 바꾸는 물

준비물
• 얼음, 소금, 털실, 빨대

이 놀이는요~

얼음에 소금을 뿌리면 소금이 닿은 부분이 녹고 그 물에 다시 소금이 녹습니다. 소금이 녹으며 주변의 열을 흡수, 다시 얼음을 녹이면서 물이 다시 어는 것을 방해해 0℃ 이하에서도 물의 상태를 유지하게 합니다. 이때 물을 흡수한 털실은 주변의 낮은 온도에 의해 다시 얼어 얼음에 달라붙게 되어 '얼음 낚시'가 가능하게 되죠.

1 그릇에 얼음을 넣고 관찰해 봅니다. 얼음은 차갑고 매끈매끈하고 단단해요. 그리고 녹으면 물이 됩니다. 얼음을 빨리 녹이려면 어떻게 해야 할지 생각해 보게 하세요.

Tip 손으로 문지르기, 몸에 넣기, 작게 조각 내서 녹이기, 부채질하기, 헤어드라이기 이용하기 등 다양하게 생각할 수 있도록 도와주세요.

2 빨대에 털실을 연결하여 낚싯대를 만든 후 털실을 얼음에 드리워 낚아 보세요.

3 이런~ 미끼가 없어서일까요? 얼음이 낚이지 않아요.

"실로 얼음을 낚을 수 있는 방법은 없을까?"

4 얼음 위에 털실을 올려놓고 주변에 소금을 솔솔 뿌린 후 기다립니다. 천천히 30까지 세게 하세요.

Tip 이때 매끈한 실보다는 털실이 낚시질에 더 적합합니다. 털실은 가는 섬유들 구석구석에 물이 흡수되어 다시 얼면서 얼음과 실의 부착을 더 확실하게 해 줍니다.

5 낚싯대를 천천히 들어 올려 보세요. 얼음이 낚인 것을 확인할 수 있어요.

6 조금 더 오래 기다렸다가 들어 올리면 더 많은 얼음이 달라붙는다는 것도 확인해 보세요. 실이 얼음 녹은 물에 젖었다가 얼음과 같이 다시 얼었어요.

Tip 얼음 2개 동시에 낚기, 얼음 3개 낚는 방법 찾기 등 다양한 미션을 주며 재미있게 활동을 즐겨 보세요.

 실험 속 과학원리 어는점 내림

액체가 얼기 시작하는 온도를 '어는점'이라고 하는데, '어는점 내림'이란 말 그대로 액체의 어는점을 더 낮은 온도로 끌어 내리는 현상을 말합니다. 겨울에 영하의 날씨에도 바닷물이 얼지 않는 이유도 바닷물이 염분을 함유하고 있어 어는점이 내려가기 때문입니다. 어는점 내림 현상은 실생활에서도 많이 이용되고 있는데, 눈이 왔을 때 염화칼슘을 뿌려 빙판을 녹이거나 자동차 냉각수에 부동액을 넣어 냉각수가 어는 것을 방지하는 것 등이 그 예입니다.

깜짝 놀라 슝~ 똥침 풍선 비행기

풍선을 이용하여 비행기를 만들어 볼까요? 똥침 한방이면 깜짝 놀라 어디든지 슝~ 하고 날아가는 친환경 비행기랍니다. 똥침만 제대로 놓으면 달나라 여행도 가능할지 몰라요.

놀이 목표

- 탄성 경험하기
- 물체에 작용하는 힘의 원리

교과 연계

- 탐구, 어떻게 할까요?

준비물

- 긴 풍선, 공기 주입기, 색종이, 가위, 셀로판테이프

이 놀이는요~

풍선이나 우리 피부처럼 힘을 주면 찌그러졌다가도 다시 원래대로 돌아오는 성질을 '탄성'이라고 합니다. 이 놀이는 힘을 가했다 없애면 다시 원래의 모양으로 되돌아가는 고무의 탄성과 공기의 성질을 이용해 멀리 날아가는 비행기를 만들어 보는 활동입니다. 보다 잘 날아갈 수 있도록 비행기의 머리와 날개를 꾸며 보며 비행기의 원리를 경험해 볼 수도 있습니다.

Step 1 : 풍선 비행기 날리기

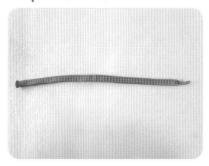

1 긴 풍선을 15~20cm 길이로 자르고 끝을 묶어 주세요. 아이가 어리다면 더 짧게 잘라 준비해 주세요. 너무 길면 아이들이 다루기 힘들어요.

2 긴 풍선을 분 후 풍선을 만져 보고, 돌려 보고, 눌러 보며 풍선의 탄성을 경험하게 해 주세요.

3 풍선을 비행기처럼 슝 날아가게 하려면 어떻게 해야 할지 이야기를 나눈 후 풍선을 날려 봅니다. ★ 풍선을 그냥 던지면 공기의 저항 때문에 멀리 가지 않아요.

4 풍선 끝을 검지로 꾹 누르면서 풍선을 잡고 있던 손을 놓아 주세요. 그냥 풍선을 날리는 것보다 훨씬 잘 날아가는 것을 관찰할 수 있어요.

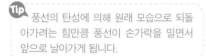

Tip 풍선의 탄성에 의해 원래 모습으로 되돌아가려는 힘만큼 풍선이 손가락을 밀면서 앞으로 날아가게 됩니다.

5 풍선 비행기를 멀리 가게 하려면 어떻게 하면 좋을지 생각해 봅니다. 풍선 끝을 더 세게 찌르거나 풍선의 끝을 비스듬히 위로 향하게 해서 날려 보도록 해요.

Tip 풍선 끝이 살짝 위로(약 45~55°) 향하면 풍선에 작용하는 힘들(아래로 잡아당기는 힘인 중력과 우리가 손으로 미는 힘)이 합해져 멀리 날아가게 됩니다.

Step 2 : 풍선 비행기 변형하기

6 색종이를 반으로 자르고 한쪽 끝을 뾰족하게 하여 고깔을 만들어 주세요. 풍선 크기에 맞추어 고깔을 만들고 나머지 부분은 잘라 정리해 줍니다.

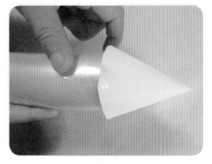

7 고깔을 풍선에 붙여서 날려 보세요. 끝이 뾰족한 고깔을 씌우면 공기와 부딪힐 때 생기는 공기 저항을 줄여 더 잘 날아갑니다.

8 테이블 위에 물병을 올려 놓고 똥침 풍선을 쏘아 맞히는 놀이를 해 봐요.

PART 2

내 작품 어때요?

과학으로 만드는
미술 · 요리

'미술'과 '요리'는 아이들이 가장 좋아하는 대표적인 활동들이죠.

아이들이 좋아하는 미술과 요리에 과학을 접목하면

과학이 한층 즐겁고 재미있게 여겨지게 됩니다.

'나뭇잎 프로타주', '꽃잎 그림', '과일곤충'을 만들며

예술적 감수성과 과학적 창의력을 동시에 길러 보아요.

STEAM 교육 어렵지 않아요.

내 꼬리가 젤 예뻐 공작새의 꼬리 자랑

숲 속 나라에 한바탕 난리가 났어요. 부채 모양의 꼬리깃털이 아름답기로 소문난 공작이 어느 날 자고 일어났더니 꼬리가 사라져 버렸다네요. 사인펜을 이용하여 공작새의 꼬리를 만들어 주기로 해요.

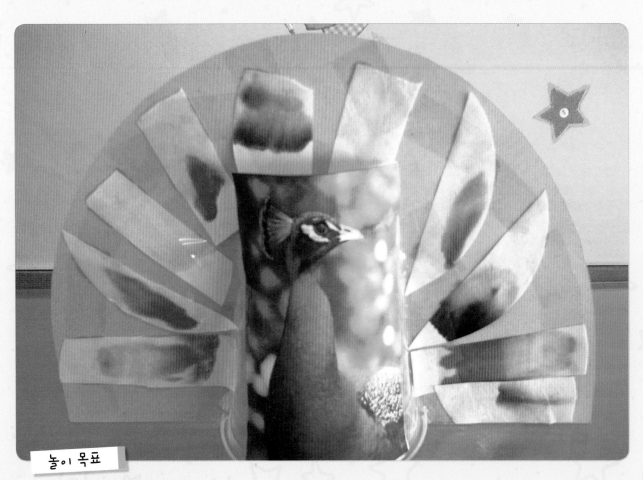

놀이 목표

• 수성 사인펜의 색소 분리

교과 연계

• 혼합물의 분리

준비물

• 한지, 수성 사인펜, 도화지, 투명컵, 종이컵, 공작새 그림, 셀로판테이프, 나무젓가락

* 한지가 없다면 신문의 인쇄가 되어 있지 않은 가장자리 부분, 갱지, 커피여과지 등이 좋아요.

이 놀이는요~

각 색소의 이동 거리에 따라 혼합물을 분리하는 방법인 크로마토그래피를 이용한 과학놀이입니다. 여러 가지 색소들을 섞어 하나의 색이 만들어지는 사인펜의 경우 종이가 물을 흡수하는 과정에서 각각의 색소들이 층층이 분리되는 모습을 관찰할 수 있습니다.

Step 1 : 사인펜 색 분리하기

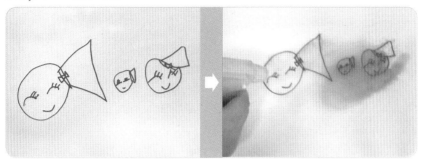

1 수성 사인펜으로 점을 찍거나 그림을 그린 후, 분무기로 물을 뿌려 보세요. 그림이 어떻게 되었는지 확인해 보세요.

> **Tip** 분무기로 물을 뿌리면 사인펜 색이 물에 베어 나오면서 그림이 번져 흐려져요.

2 1×6cm 크기의 한지 등의 종이에 검정색 사인펜으로 원을 진하게 칠하세요.

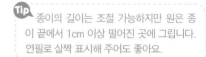

> **Tip** 종이의 길이는 조절 가능하지만 원은 종이 끝에서 1cm 이상 떨어진 곳에 그립니다. 연필로 살짝 표시해 주어도 좋아요.

3 2의 종이를 나무젓가락 사이에 끼워 물이 담긴 컵에 담근 후, 사인펜의 색 변화를 관찰해 보세요. ★ 사인펜 칠한 곳이 물에 직접 닿지 않도록 주의합니다.

4 사인펜이 번지면서 원래의 색 말고 다른 색들이 나타납니다. 빨강, 파랑 등 여러 색의 사인펜도 같은 방법으로 분리해 보세요.

5 진한 색일수록 여러 색깔로 분리되는 경우가 많습니다.

Step 2 : 알록달록 공작새 만들기

6 종이컵을 뒤집어 바닥을 가장자리 부분만 남기고 칼집을 넣은 후, 반원 모양으로 자른 도화지를 끼우고 셀로판테이프로 고정시킵니다.

7 종이컵에 공작새의 몸통 그림을 붙여 줍니다. 사진이 없다면 직접 그려도 좋아요.

8 사인펜을 번지게 한 종이들을 붙여 예쁜 공작의 꼬리를 완성시켜 주세요. 누가 만든 공작이 가장 아름다운지 서로 자랑해 보아요.

다리미로 그림 옮기기 크레파스 손수건

도화지에 크레파스로 예쁘게 그린 그림이 자고 일어나 보니 손수건 속에 쏙 담겨 있네요.
마법사가 와서 옮겨 준 것인가 했더니 엄마가 다리미로 옮겨 준 것이라네요.

놀이 목표

• 물질의 상태 변화

교과 연계

• 열 전달과 우리 생활

준비물

• 도화지, 사포, 크레파스, 물감,
손수건, 다리미

이 놀이는요~

크레파스는 안료와 왁스,
경탄 등을 섞어 만들어집
니다. 이 활동은 크레파스
의 기름 성분이 열에 녹는
성질을 이용한 과학놀이입
니다.

Step 1 : 크레파스의 성질 관찰하기

  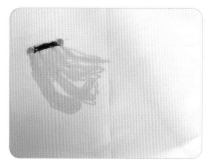

크레파스   물감

1 크레파스와 물감으로 각각 그림을 그린 후, 스프레이로 물을 뿌립니다. 어떤 차이가 있는지 비교해 보세요.

> **Tip** 물감으로 그린 그림에 물을 뿌리면 물감이 번지지만, 크레파스로 그린 그림에 물을 뿌리면 물이 그림에 스며들지 않고 동글동글 뭉쳐 있습니다. 크레파스의 주성분은 안료와 왁스이므로 물에 번지지 않습니다.

2 도화지를 반으로 접었다 펼친 후 한쪽 면에 크레파스로 그림을 그립니다.

 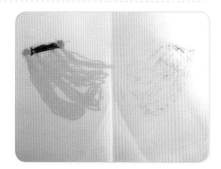 

3 그림이 안쪽으로 들어가게 도화지를 접은 후 다리미로 꼼꼼히 다려 줍니다. 그림이 어떻게 될지 예측해 봅니다.

4 종이를 펼쳐 보세요. 원래 종이에 기름기가 번져 있고 반대편 종이에는 많이 묻어나지 않았음을 관찰할 수 있습니다.

> **Tip** 다리미의 열에 의해 크레파스의 기름 성분이 녹지만 원래의 종이에 흡수되기 때문에, 다른 종이에 많이 묻어나지는 않습니다.

5 이번에는 사포에 크레파스로 그림을 그린 뒤, 종이를 대고 다리미로 다려 보세요. 사포는 기름을 빨아들이지 않아 그림이 잘 옮겨집니다. ★ 표면이 고운 사포가 거친 사포보다 그림이 더 잘 옮겨집니다.

Step 2 : 나만의 손수건 만들기

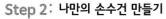

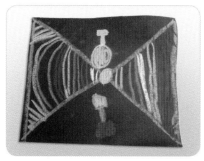 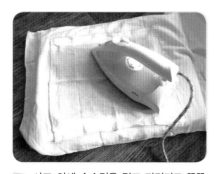 

6 사포에 크레파스로 그림을 그립니다. 다양한 색으로 그리되, 가급적 선으로 그립니다. 색칠을 하는 경우에는 색칠 부분이 넓지 않게 해 주세요.

7 사포 위에 손수건을 덮고 다리미로 꼼꼼히 다려 주세요. ★ 손수건이 없다면 면으로 된 자투리천이나 헌 옷 등을 사용해도 괜찮아요.

8 어때요? 그림이 잘 옮겨졌나요? 손수건에 옮겨진 그림을 액자에 넣어 작품처럼 전시해도 좋아요.

아름다운 눈 모양 겨울왕국 종이눈꽃

하늘에서 펑펑 눈이 내리면 바로 과학놀이의 날! 검은 도화지 위에 눈을 받아 돋보기로 눈 결정 모양을 관찰해 보세요. 아직 눈 오려면 멀었다고요? 그렇다면 색종이로 만든 눈꽃 모빌로 우리만의 겨울을 만들어 봐요.

놀이 목표

• 작은 결정
• 자연 속의 대칭성

교과 연계

• 모습을 바꾸는 물

준비물

• 여러 가지 눈 결정 그림, 색종이, 가위

이 놀이는요~

눈의 결정 모양을 만들어 보는 과학탐구 놀이입니다. 눈 결정의 모양은 눈이 생성될 당시의 기온과 수증기의 양에 따라 다양하게 나타나지만, 육각형이라는 점과 대칭이라는 공통점을 갖습니다. 대칭의 뜻은 '반으로 접었을 때 양쪽이 똑같은 것' 정도로 알려 주시면 충분해요.

Step 1: 대칭 모양 만들기

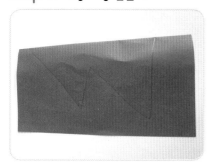

1 색종이를 반으로 접은 후, 접은 선을 중심으로 트리 모양을 반만 그립니다.

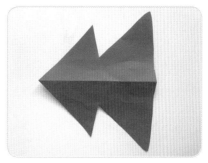

2 1의 그림을 가위로 오린 후 종이를 펼쳐서 양쪽이 똑같다는 것을 관찰합니다.

★ 이렇게 양쪽이 똑같은 것을 '대칭'이라고 한다는 것을 알려 주세요.

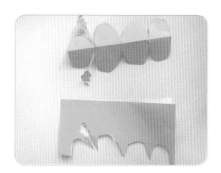

3 반원을 여러 개 그려 펼치면 애벌레가 되네요! 펼쳤을 때의 모양을 예상하며 다양한 그림을 그려 봅니다. 엄마가 먼저 한두 번 시범을 보여 주세요.

Step 2: 눈꽃 만들기

4 함박눈이 내리는 날은 눈 결정을 보기 가장 좋은 날이에요. 함박눈이 내리면 꼭 자동차 창문이나 담벼락에서 눈 결정 모양을 관찰해 보세요. 책이나 인터넷을 이용해 다양한 눈 결정 모양을 찾아보고, 결정들의 공통점을 찾아봅니다.

Tip 눈 결정은 1) 뾰족한 부분이 6개인 육각형이며, 2) 반으로 접었을 때 왼쪽과 오른쪽의 모양이 같은 대칭형입니다.

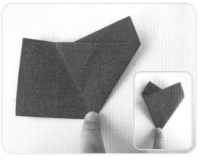

5 색종이를 반으로 접은 후, 꽃 모양이 되도록 아래쪽 중앙을 중심으로 양끝을 비스듬히 접습니다.

6 역삼각형 모양이 되도록 위쪽으로 튀어나온 부분을 자르고 양쪽 모서리도 잘라 줍니다.

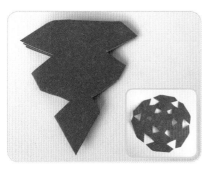

7 접힌 부분이 완전히 잘리지 않도록 조심하면서 가위로 중간중간 가위집을 넣은 후 펼치면 아름다운 눈꽃 완성!

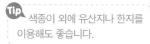
Tip 색종이 외에 유산지나 한지를 이용해도 좋습니다.

8 역삼각형 모양에서 한 번 더 접어 가위집을 내면 더욱 많은 무늬를 넣을 수 있습니다.

9 종이를 접어 다양하게 잘라 모양을 만들어 보세요. 여러 개의 눈꽃을 실로 연결하여 모빌을 만들거나 장식품으로 활용해 보세요.

보이면 안 돼요! 소금으로 그린 비밀그림

옆집 꼬마탐정에게 범인의 단서가 담긴 비밀편지를 부쳐야 해요. 그런데 검정색 도화지에 색연필로 그림을 그리면 악당들이 우리 계획을 눈치챌 수 있어 위험해요. 아하, 소금물로 그려서 보내면 되겠군요!

놀이 목표

• 물질의 분리
• 증발

교과 연계

• 혼합물의 분리
• 용해와 용액

준비물

• 소금, 설탕, 검정 도화지, 면봉 또는 붓, 헤어드라이기

이 놀이는요~

다른 물질들과 섞여 있으면서도 자신만의 성질을 잃지 않고 있는 것을 '혼합물'이라고 하는데, 그 중에서도 물질이 액체에 녹아 들어가 투명하게 보이는 혼합물을 '용액'이라고 합니다. 혼합물을 분리하는 방법은 물질의 특성에 따라 달라요. 소금은 바닷물을 가둬 두고 물을 증발시켜 얻습니다. 놀이를 통해 염전에서 소금 얻는 방법을 경험해 보세요.

Step 1 : 소금물로 그림 그리기

야하! 그렇군요

소금은 어디로 갔을까?
소금이 다 녹으면 아이에게 물에 들어간 소금은 어디로 갔을지 생각해 보게 하세요. 그리고 소금물의 맛을 보게 한 후, 소금이 물속에 녹아서 아주 작아져서 안 보인다는 사실을 이야기해 주세요. 또한 우리가 만든 소금물에서 소금을 다시 빼내는 방법에 대해 이야기를 나누어 보세요.

1 실험의 첫 단계는 소금 탐색입니다. 소금을 눈으로 보고, 만져 보고, 먹어 보며 충분히 탐색할 시간을 주세요.

2 종이컵 2/3 분량의 물에 소금 2~3숟가락을 녹여 소금물을 만듭니다. 소금을 어떻게 녹여야 빨리, 많이 녹일 수 있을지 생각해 봐요.

> **Tip** 소금은 물을 빨리 저을수록, 알갱이가 고울수록, 물의 온도가 높을수록 빨리 녹습니다.

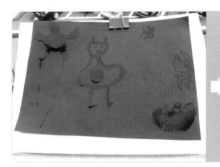

3 소금물을 면봉 또는 붓에 찍어 검정 도화지에 그림을 그려 보세요. 소금물의 농도가 진할수록 좋습니다.

4 소금물로 그린 그림을 햇빛이 잘 드는 곳에 놓거나 헤어드라이기를 이용해 물기를 잘 말려 주세요. 하얀 선으로 된 멋진 그림이 드러난답니다.

> **Tip** 도화지에 나타난 하얀 가루는 물이 증발하고 남은 소금 결정입니다.
> 염전에서는 바닷물을 가둬 두고 햇빛에 물을 증발시켜 소금을 얻는답니다.

Step 2 : 설탕물로 그림 그리기

5 이번에는 설탕을 녹인 설탕물로 그림을 그려 볼까요? 첫 단계는 역시 설탕을 눈으로 보고, 만져 보고, 먹어 보는 설탕 탐색 과정부터 시작하세요.

6 설탕도 소금처럼 결정이 남을지 생각해 보고, 설탕을 많이 녹인 물로 그림을 그린 후 헤어드라이기로 물기를 말려 주세요.

7 물기가 마르면 설탕도 하얀 결정이 생기기는 하지만 소금과 결정의 모양과 성질이 달라 잘 보이지는 않습니다.

내 맘대로 뚝딱! 요구르트병 열쇠고리

요구르트병을 모양 그대로 줄여서 작고 귀여운 꼬마 요구르트병을 만들어 볼까요? 이때 요구르트병을 꾹꾹 누르면 작아질까요? 아니죠~ 모양이 망가지면 안 되지요. 그렇다면 뜨거운 물만 있으면 OK!

놀이 목표

• 열에 의한 플라스틱의 변화 관찰하기

교과 연계

• 열 전달과 우리 생활

준비물

• 여러 가지 요구르트병, 유성펜, 송곳, 끈, 집게, 냄비

이 놀이는요~

플라스틱은 다 같지 않느냐고요? 플라스틱에는 PET, PP, PS, PVC 등 종류가 다양하답니다. 이 중 일부는 끓는 물이나 뜨거운 오븐에 넣으면 모양이 변해요. 이처럼 열에 의해 변형이 일어나는 성질을 '열 가소성'이 라고 하는데, 플라스틱의 종류에 따라 다르게 나타납니다. 온도에 따른 플라스틱의 변화를 관찰하며, 여러 종류의 플라스틱을 살펴봅니다.

1 시식 타임! 여러 가지 요구르트를 준비해 먹고 싶은 것을 골라 마십니다. 단, 남기면 안 돼요! 끝까지 쭉~

2 요구르트병의 겉포장지는 떼어내고 병에 유성펜으로 예쁘게 그림을 그려 넣어요. 다양한 색깔을 사용하면 좋겠죠?

3 멋진 그림들이 완성되었네요. 다음 단계에서 이 병들을 끓는 물에 넣을 거예요. 끓는 물에 넣으면 요구르트병이 어떻게 될지 아이에게 예상해 보게 하세요.

4 요구르트병 외에 여러 가지 일회용 플라스틱 용기도 깨끗이 씻어 준비합니다. 플라스틱 용기들을 만져 보면서 어떤 모양인지, 또 느낌은 어떤지 표현해 보면 좋겠지요.

Tip 플라스틱 제품의 밑면을 보면 PET, PP, PS, PVC 등의 재질이 쓰여 있어요.

5 준비된 플라스틱 용기들을 끓는 물에 풍덩~ 넣고 끓입니다. 집게나 젓가락 등으로 굴리면서 골고루 끓이세요. ★ 플라스틱의 열 변형을 관찰하는 단계이므로, 아이들이 그림을 그린 병은 일단 제외하고 끓여 주세요.

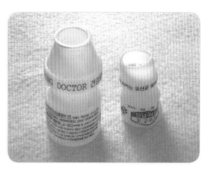

6 플라스틱 용기들을 꺼내서 변화를 관찰해 보세요. 용기의 크기와 모양, 글씨의 색 등을 관찰할 수 있게 도와주세요.

Tip 요구르트통, 두부용기, 페트병 등 다양한 재질의 플라스틱을 넣어서 삶아 보세요. 이 중 모양이 줄어드는 것은 PS(polystyrene-폴리스티렌의 약자)라고 쓰여 있는 플라스틱 종류입니다.

7 이번에는 아이들이 그림을 그린 병들을 끓는 물에 넣어 봐요. 요구르트병이 줄어들면서 그림도 줄어들고 색은 조금 더 진해진 것을 관찰할 수 있어요.

8 구멍을 뚫어 끈을 연결하면 예쁜 열쇠고리 완성! ★ 구멍은 끓는 물에 넣기 전에 미리 뚫어 두면 편리합니다.

식물관찰놀이
5세 이상

웬 아이가 보았네~ 꽃잎으로 그린 그림

꽃들은 곤충을 유혹해서 열매를 맺어야 하기 때문에 알록달록 예쁜 색을 띠고 있답니다.
여러 가지 꽃들이 가지고 있는 색을 관찰해 보고, 이 색을 이용해서 멋진 손수건을 만들어 볼까요?

놀이 목표

• 꽃 모양 관찰하기
• 꽃 색깔 관찰하기

교과 연계

• 식물의 세계

준비물

• 여러 가지 꽃

이 놀이는요~

주변 사물에 관심을 가지고 그 특성을 파악하는 '관찰 활동'은 꼬마 과학자의 가장 중요한 조건입니다. 아이의 관찰력을 높이기 위해서는 평소 엄마가 질문을 통해 아이의 호기심을 자극해 주면 좋아요.

Step 1: 꽃 관찰하기

1 **꽃 채집하기** 알록달록한 꽃잎을 모아 보세요. 색깔이 예쁜 꽃도 좋고 모양이 예쁜 꽃도 좋답니다.

2 **꽃 관찰하기** 꽃잎을 떼어 내면서 꽃잎의 모양을 관찰해 보세요. 또 꽃받침의 개수도 세어 보고, 안쪽의 꽃술도 관찰해 보세요.

3 여러 가지 색깔의 꽃잎 및 풀잎을 연필 끝으로 콕콕 찍어 보고 원래의 색과 즙 색을 비교해 봅니다.

"빨간색 꽃잎을 누르니까 무슨 색이 나오니?"
"보라색이요!"

Step 2: 꽃 그림 그리기

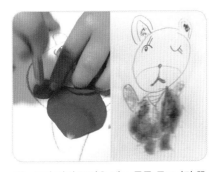

4 스케치북에 색연필 등으로 좋아하는 그림을 그리게 합니다.

5 그림 위에 꽃잎을 대고 톡톡 두드리면 꽃즙이 묻어납니다. ★ 바닥에 꽃물이 들지 않도록 비닐을 까는 것이 좋습니다.

Step 3: 꽃 손수건 만들기

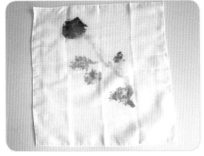

6 꽃잎, 풀잎 위에 면 손수건을 깔고 숟가락으로 두드리거나 동전으로 밀면 예쁜 꽃 손수건이 됩니다.

문지르면 작품이 돼요 나뭇잎 프로타주

단풍나무, 은행나무, 대나무, 느티나무 등 잎 모양이 다 다르지요? 그런데 자세히 보면 잎의 모양뿐만
아니라 무늬 또한 서로 다르답니다. 나뭇잎 프로타주를 해 보며 나뭇잎의 무늬를 관찰해 봐요.

놀이 목표

• 잎맥 관찰

교과 연계

• 식물의 세계

준비물

• 여러 가지 나뭇잎, 색연필,
도화지, 색종이, 얇은 종이

이 놀이는요~

여러 가지 나뭇잎을 이용
하여 도장을 찍어 봄으로
써 나뭇잎의 잎맥을 관찰해
보는 활동입니다. 프로타주
활동은 아이의 관찰력을 높
여 주고 창의력 향상에 도
움을 주는 '과학+미술활동'
이자, 아이들이 정말 좋아
하는 놀이랍니다.

잎맥의 종류
잎맥의 종류는 모두 4가지입니다.
그물맥: 대부분의 나뭇잎　　**나란히맥:** 풀잎 종류
차상맥: 은행잎　　**장상맥:** 단풍잎

그물맥　　나란히맥　　차상맥　　장상맥

1 야외로 나가 다양한 모양의 나뭇잎을 채집해요. 오른쪽 나뭇잎 그림을 미리 보여 주고, 의도적으로 서로 다른 종류의 잎맥을 가진 나뭇잎(예: 은행잎, 단풍잎, 풀잎)을 채집하도록 유도해 주세요.

Tip 나뭇잎이 가지고 있는 무늬를 '잎맥'이라고 합니다.

2 나뭇잎을 잎맥이 비슷한 것끼리 분류해요.

3 나뭇잎을 종이 밑에 깔고 색연필로 칠하면 잎맥과 모양이 그대로 종이에 나타납니다.

Tip 올록볼록한 것 위에 종이를 대고, 연필 등으로 문질러 무늬가 나오게 하는 기법을 '프로타주'라고 합니다.

4 잎맥별로, 색깔별로 다양한 나뭇잎 프로타주를 만들어 주세요.

Tip  프로타주 활동은 나뭇잎 외에 동전, 골판지, 시멘트 바닥 등을 이용하셔도 재미있어요.

5 다양하게 색칠한 나뭇잎들을 모두 오려 주세요.

6 도화지와 색종이 등으로 나무 모양을 만든 다음, 앞서 오린 나뭇잎들을 자유롭게 붙여 주세요.

7 짜잔~ 멋진 나무가 완성되었어요.

추억은 방울방울~ 촛농으로 그린 그림

밖이 깜깜해져서 촛불을 켰어요. 그런데 초에게 슬픈 일이 있었는지 자꾸만 눈물을 흘리네요.
초가 힘을 낼 수 있도록 촛농으로 예쁜 그림을 만들어 초에게 선물해 볼까요?

놀이 목표

• 온도에 따른 상태 변화

교과 연계

• 열 전달과 우리 생활

준비물

• 초, 색양초(케이크 초), 접시,
  도화지, 색연필, 양면테이프

이 놀이는요~

양초에 불을 켜면 양초가 녹아서 촛농을 떨어뜨립니다. 이 촛농은 떨어지면서 점점 식어 초의 옆쪽에 굳게 되지요. 이 촛농을 찬물에 떨어뜨리면 어떻게 될까요? 순간적으로 굳으면서 동글동글한 모양을 유지하게 됩니다. 다양한 색깔의 촛농을 예쁘게 떨어뜨려 그림을 그려 보는 과학과 미술의 융합놀이입니다.

Step 1: 촛농 비교하기

1 물이 담긴 그릇에 촛농을 두세 방울 떨어뜨린 후, 촛농을 건져서 촛농의 위아래 모양을 비교해 봅니다. 덩어리가 되도록 한곳에 계속 떨어뜨리세요.

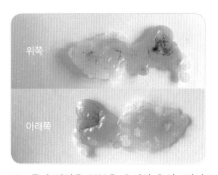

2 물과 맞닿은 부분은 순식간에 식으면서 모양과 형태를 유지하지만 물의 표면장력에 의해 평평한 모양을 하고 있습니다. 그러나 촛농의 위쪽 부분은 떨어지는 촛농이 그대로 쌓이면서 천천히 굳으므로 울퉁불퉁한 모양을 하게 되지요.

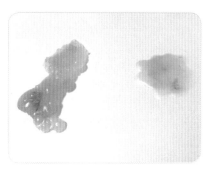

3 촛농을 책상이나 종이 위에 떨어뜨린 후, 물에 떨어진 촛농과 모양, 굳는 속도 등을 비교해 봅니다.

Tip 촛농이 굳는 속도에 따라 촛농의 형태가 달라집니다.

Step 2: 촛농 그림 그리기

4 원하는 색깔의 양초를 골라서 촛농을 물 위에 떨어뜨려서 모양을 만들어 봐요.
★ 색양초는 케이크에 꽂았던 양초를 모았다가 재활용하면 좋습니다.

5 다양한 색깔의 초를 이용해 아름답게 꾸며 주세요. 양초를 너무 아래쪽으로 기울이면 불이 갑자기 커져요. 수평을 유지하도록 도와주세요. ★ 불이 커질 경우, 심지를 가위로 잘라 주세요.

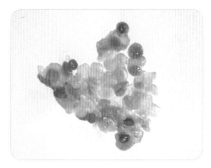

6 촛농을 건져 물기를 제거한 뒤, 양면테이프를 이용하여 종이에 붙여 주세요.

7 촛농 모양을 모티브로 하여 주변에 그림을 그려 작품을 완성해 주세요.

8 공주님의 멋진 드레스로도 변신할 수 있답니다. 포도나무, 빗방울, 비누거품 등 아이가 다양한 연상을 시도할 수 있도록 격려해 주세요.

엄마의 추억 아이의 과학 달고나 만들기

사다 놓은 과자는 뚝 떨어지고 슈퍼마켓 가기는 귀찮고~ 이런 날은 추억의 군것질 '달고나'를 만들며
과학놀이를 해 보세요. 설탕과 소다의 만남은 바삭 달콤한 과학을 만들어 낸답니다.

놀이 목표

• 소다의 열분해
• 설탕의 열에 따른 상태 변화

교과 연계

• 여러 가지 기체
• 상태 변화

준비물

• 설탕, 베이킹소다, 국자,
  누름판, 모양틀

이 놀이는요~

베이킹소다에 열을 가하면
이산화탄소가 발생하게 됩
니다. 엄마들이 어렸을 때
자주 먹던 '달고나'가 부풀
어오르는 데는 이런 과학의
원리가 숨어 있었던 거죠.
이런 원리를 알고 '달고나'
를 먹으면 호기심이 쑥쑥
자라겠죠?

1 **설탕 탐색하기** 설탕을 눈으로 관찰하고 먹어 보며 설탕의 모양과 맛에 대해 이야기 나누어 봅니다.

"설탕 모양이 어떤 것 같아?"
"하얗고 동글동글한 알갱이예요."

2 실험에 앞서 설탕을 뜨겁게 해서 녹이면 어떻게 될지 예상해 봅니다. 이제 국자에 설탕을 1숟가락 담아 가열하여 녹여 볼까요?

3 설탕을 젓가락으로 잘 저어가며 녹입니다. 이때 설탕이 녹으면서 갈색으로 변해 가는 과정을 함께 관찰합니다.

Tip 설탕을 뜨겁게 가열하면 설탕의 성분들이 열에 의해 변화되면서 캬라멜화 반응이 일어나 흰색이었던 설탕이 갈색 물질로 변하게 됩니다.

4 접시나 쟁반 바닥에 호일을 깔고 설탕을 뿌린 후, 3의 녹인 설탕을 부어 식힙니다. 굳은 설탕의 표면을 만져 봅니다. 표면이 매끈하고 단단하답니다.

5 이번에는 같은 양의 설탕을 녹인 후 소다를 넣고 저어 봅니다. 소다를 넣으면 설탕이 연갈색으로 변하면서 부풀어 오릅니다.

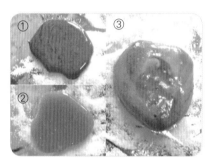

6 '설탕만 녹인 것', '소다를 조금 넣은 것', '소다를 많이 넣은 것'의 색과 크기, 맛 등을 비교해 봅니다. ★ 같은 양의 설탕이라도 색, 맛, 크기가 모두 다르다는 것을 관찰해 보세요.

실험결과 한눈에 보기
① 설탕만 녹였을 때:
　달콤하고, 딱딱하며, 매끈하다
② 소다를 적당히 넣었을 때:
　달콤하고, 적당히 부풀며, 바삭하다
③ 소다를 많이 넣었을 때:
　쓴맛이 나고, 많이 부풀며, 퍼석하다

7 각각을 잘라서 단면을 관찰해 보세요. 설탕만 녹인 것은 구멍이 없지만, 소다를 넣은 건 구멍이 보입니다.

Tip 소다에 열을 가하면 소다가 분해되면서 이산화탄소가 발생해 구멍이 생깁니다.

8 누름판으로 살짝 누른 후 과자틀로 찍으면 달고나 완성! 자, 이제 모양대로 잘라 볼까요? 이쑤시개를 이용하면 더 잘된답니다.

내 치즈가 젤 맛있어 # 초간단 치즈 만들기

아이들 체험학습 필수코스 치즈스쿨! 하지만 거리도 멀고 가격도 만만치 않죠? 뭐 치즈스쿨이 별건가요?
오늘은 집에서 엄마표 치즈스쿨을 열어 봐요. 과정도 간단하고 아이들 반응은 대박이랍니다!

놀이 목표

• 상태 변화
• 단백질의 분리(산 응고법)

교과 연계

• 혼합물의 분리

준비물

• 우유, 레몬즙 또는 식초, 소금,
  면보, 그릇

이 놀이는요~

우유에 들어 있는 단백질
(카제인)이 레몬즙이나 식
초에 들어 있는 산(酸)을 만
나면 응고되는 성질을 이
용한 '요리놀이'의 탈을 쓴
'과학놀이'입니다. 신나게
요리하며 배운 과학은 절대
까먹지 않아요.

1 냄비에 우유 200㎖를 붓고, 레몬즙 1큰술을 넣은 후 천천히 저어 주세요. 너무 세게 저으면 덩어리가 흩어집니다.

Tip 레몬즙 대신 식초를 써도 되긴 하지만, 식초 특유의 맛과 향 때문에 식초 넣은 치즈는 맛이 덜해요.

2 우유와 레몬즙 혼합액을 중불로 가열하며 넘치지 않도록 천천히 저어 줍니다. 우유가 끓지 않도록 주의하세요. 우유가 끓어 넘치면 맛이 덜해요. ★ 이때, 기호에 따라 소금을 조금 넣어 주셔도 좋아요. 소금은 1/3숟가락 정도 넣어 주세요.

3 우유가 따끈하게 데워지면 불을 아주 약하게 줄입니다. 알갱이가 몽글몽글 생긴 후 5분 정도 지나서 불을 꺼 주세요.

4 3의 우유를 면보에 넣고 꼭 짜거나 무거운 물건을 올려 놓아 물기를 제거합니다. 이때 덩어리가 분리되고 남은 노란빛 투명한 액체를 '유청'이라고 합니다.

Tip 유청은 치즈를 만들고 남은 우유 부산물로 유당, 락토알부민, 무기질 등이 포함되어 있습니다.

5 유청을 제거하고 하얀 덩어리만 남으면 치즈 완성! 치즈를 손으로 만져 보고 냄새도 맡아 봅니다.

6 자, 이제 먹어도 볼까요? 그릇에 치즈를 담아 냠냠 맛있게 먹어요. 먹는 동안 우유가 산을 만나 단백질이 분리되었음을 슬쩍 이야기해 주세요.

7 모양틀에 넣어 귀여운 모양을 만들어 먹어도 좋겠죠?

8 냉장실에 두고 하루이틀 숙성시킨 후 드시면 더욱 맛이 좋답니다.

몸에 좋아요! # 아이표 요구르트 만들기

우리가 먹는 요구르트에는 유산균이라는 미생물이 들어 있대요. 이 유산균을 우유 속에 넣고 밥솥에 넣어 두면 우유가 요구르트로 변신한다는 말씀! 맛있고 몸에도 좋은 요구르트를 집에서 만들어 보아요.

놀이 목표
- 유산균 발효에 의한 우유의 상태 변화

교과 연계
- 탐구, 어떻게 할까요?

준비물
- 우유 500ml, 마시는 요구르트, 플라스틱 숟가락, 뚜껑 있는 유리그릇(컵)

이 놀이는요~

미생물이 자신이 가지고 있는 효소를 이용해 유기물을 분해시키는 과정을 '발효'라고 합니다. 우리가 즐겨 먹는 김치, 요구르트 등은 모두 발효를 이용해 만든 것으로, 몸에 좋은 식품들로 유명합니다. 아이들과 함께 요구르트를 만들어 보고, 몸에 좋은 발효식품에 대해서도 알려 주세요.

1 마트 전단지에서 우유를 이용해서 만들어
진 제품들을 찾아 모아 보세요. 우유, 버
터, 치즈, 요구르트, 요플레, 분유 등입니다.

Tip 우유를 이용해 만들어진 것을 '유제품'이
라고 합니다.

우유는 미리 꺼내 놓거나,
햇빛이 잘 드는 곳에 두어
찬기를 없애 줍니다.

2 우유 500ml와 유산균 요구르트 1병을 유
리그릇에 넣고 플라스틱 숟가락으로 잘
저어 주세요. ★ 유산균은 쇠에 닿으면 죽는답니
다. 유리나 플라스틱 도구를 사용해 주세요.

3 2를 그릇째 뚜껑을 잘 덮은 후 전기밥솥
에 넣습니다. 그리고 1시간 동안 보온하
였다가, 코드를 뺀 채 8시간 동안 밥솥 안에
그대로 둡니다.

Tip 코드를 뺀 상태여도 밥솥 안이 따뜻하기
때문에 그대로 둡니다.

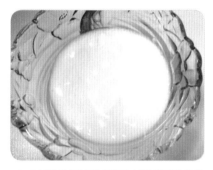

4 8시간 후 꺼내어 우유의 상태 변화를 관찰
해 보세요. 물처럼 흐르던 우유가 뭉글뭉
글 덩어리지게 변화되었음을 알 수 있습니다.

Tip 우유 속의 단백질은 유산균이 만들어 내
는 산성물질을 만나 응고되어 연두부 같은
요구르트의 형태로 변화됩니다.

5 냄새를 맡아 보고 맛을 보게 합니다. 시중
에 파는 것과 맛이 어떻게 다른지 이야기
를 나누어 보세요.

"사온 것과 비교하면 맛이 어때?"
"단맛도 없고 향도 별로 없어요."

6 가게에서 사먹는 것과는 맛이 다른 이유
를 찾아보게 하세요. 사먹는 요구르트에
는 맛을 내기 위해 많은 합성재료들이 들어 있
음을 확인시켜 주세요.

7 꿀이나 잼을 넣고 기호에 따라 과일 등을
추가해 주시면 더욱 맛 좋은 요구르트가
완성됩니다. 냉장고에 넣어 차갑게 해서 드시
면 더욱 맛이 좋습니다.

곤충의 특징이 머리에 쏙~ # 냠냠 맛있는 과일곤충

으악! 곤충은 징그럽다고요? 잠자리도 냠냠~, 벌도 냠냠~ 맛있는 곤충을 만들어 보아요.
맛있게 먹으며 곤충의 특징도 배울 수 있어 아이들도 엄마들도 참 좋아하는 놀이예요.

놀이 목표

• 곤충 탐색하기
• 곤충의 특징 알기

교과 연계

• 동물의 세계

준비물

• 곤충 사진, 여러 가지 과일과 채소
(방울토마토, 바나나, 사과, 키위 등),
이쑤시개, 플라스틱 빵칼, 접시

이 놀이는요~

나비는 곤충일까요? 거미
는요? 엄마들도 헷갈리시
죠? 이 놀이는 곤충의 특징
을 구체적 조작을 통해 익
혀 보는 활동입니다. 과일
로 직접 곤충을 만들어 보
면서 곤충의 특징을 머릿속
에 쏙 넣어 주세요. 오감을
통해 배운 지식은 한층 생
생하고 오래 지속된답니다.

Step 1: 곤충 관찰하기

야하! 그렇군요

곤충의 특징
곤충은 몸통 부분이 '머리, 가슴, 배'의 세 부분으로 나뉘고, 다리가 3쌍, 날개가 2쌍, 더듬이가 1쌍인 것이 특징이랍니다.

1 곤충 사진이나 관련된 책을 보면서 곤충의 일반적인 특징에 대해 이야기를 나눠 보세요.
"나비를 살펴보자. 나비의 다리, 더듬이, 날개의 개수를 세어 보자."
"다리는 6개, 더듬이는 2개, 날개는 4개예요."

2 좋아하는 곤충을 골라 보고, 더 자세히 관찰해 봅니다. 곤충의 모양, 색, 무늬, 다리의 생김새, 날개의 특징 등에 대해 이야기 나눈 후 그림으로 표현해 봐요.

Step 2: 과일 곤충 만들기

3 여러 가지 과일들을 큰 접시에 담아 놓고, 아이 앞에 작은 접시와 플라스틱 칼을 준비해 줍니다.

4 자, 이제 과일 곤충을 만들어 볼까요? 과일을 적당한 모양과 크기로 잘라 이쑤시개로 연결하며 곤충을 만들어 봅니다. 위에서 그렸던 곤충 그림을 보고 만들게 해 주세요.

5 완성! 위에서 그린 그림과 완성품을 비교해 본 후 맛있게 먹어 주세요.
"와, 잘 만들었다! 같은 나비도 재료에 따라 다르네!"
"이 나비는 몸통이 바나나고, 저 나비는 방울토마토예요."

Tip 남은 과일로 과일 꼬치를 만들어도 좋아요. 이때 규칙을 만들어 꽂으면 패턴 수학놀이가 된답니다.

미리 보는 **초등과학**

다리의 수가 다른 동물은 무엇입니까?
① 벌   ② 거미   ③ 개미
④ 메뚜기   ⑤ 잠자리

→ 정답: ②
'곤충'과 '곤충이 아닌 것'을 다리의 수로 구별하는 문제입니다.
벌, 개미, 메뚜기, 잠자리는 곤충류에 속하며 6개의 다리를 가지고 있으나, 거미는 거미류에 속하며 8개의 다리를 가지고 있습니다.

지퍼백을 흔들흔들~ 초간단 요구르트 슬러시

무더운 여름날 시원한 슬러시 한 잔 만들어 가족들에게 대접해 보기로 해요.
냉장고에 넣지 않고도 사각사각 살얼음의 식감이 느껴지는 맛있는 슬러시를 만들 수 있답니다.

놀이 목표
• 어는점 내림

교과 연계
• 모습을 바꾸는 물

준비물
• 지퍼백(소형, 대형), 얼음, 소금, 요구르트 또는 우유

이 놀이는요~

냉장고가 없어도 얼음에 소금을 넣는 것만으로 어느 곳에서나 아이들이 좋아하는 슬러시를 만드는 과학요리 활동입니다. 얼음에 소금을 뿌리면 얼음이 어는 온도가 낮아져 얼음이 녹아 내리는데, 이때의 물은 얼음보다 차가워서 우유나 요구르트도 얼릴 수 있을 정도가 된답니다.

1 소형 지퍼백에 요구르트를 2/3컵 정도 넣고 새지 않게 밀봉합니다. 소형 위생백에 넣고 입구를 묶어 주어도 돼요. ★ 우유, 요구르트, 환타, 콜라 등 다양한 재료로 슬러시를 만들 수 있으니 취향껏 선택하세요.

2 대형 지퍼백에 얼음을 2/3 정도 채운 후, 소금을 3~4숟가락 정도 듬뿍 넣어 주세요.

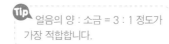
Tip 얼음의 양 : 소금 = 3 : 1 정도가 가장 적합합니다.

3 요구르트를 넣은 소형 지퍼백을 얼음을 넣은 대형 지퍼백 안에 넣으세요.

4 지퍼백을 신나게 흔들어 주세요. 계속 흔들어 주어야 안쪽의 요구르트가 굳지 않아 살얼음 상태가 유지됩니다. 그냥 두면 셰이크가 아닌 딱딱한 얼음이 됩니다.

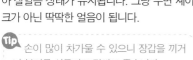
Tip 손이 많이 차가울 수 있으니 장갑을 끼거나 봉지를 신문지로 감싸도 좋습니다.

5 지퍼백을 열어 봉지 속의 얼음과 소금, 요구르트가 각각 어떻게 변했는지 확인해 보세요. 물처럼 흘렀던 요구르트가 살짝 얼어 슬러시가 되었어요!

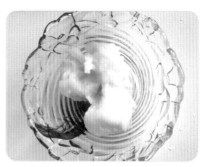

6 지퍼백에 담긴 슬러시를 그릇으로 옮겨 담아요.

7 우유로도 슬러시를 만들어서 요구르트로 만든 슬러시와 어떤 게 더 맛있나 비교해 보세요.